DANS LES TRIBUNES

JEAN-FRANÇOIS PRADEAU

DANS LES TRIBUNES

ÉLOGE DU SUPPORTER

Photographies d'Olivier Tibloux

PARIS

LES BELLES LETTRES

2010

Pour Arnaud Macé,
avec qui j'ai tant pleuré dans nos tribunes

Pour consulter notre catalogue
et découvrir nos nouveautés
www.lesbelleslettres.com

ISBN : 978-2-251-44388-1

Préface

Une à deux fois par siècle, il se trouve un philosophe pour expliquer que ses prédécesseurs ont eu tort et qu'ils n'ont pas su concevoir ni saisir l'objet véritable de la philosophie. Tel d'entre ces philosophes met en cause la méthode de ses devanciers, tel autre leur reproche de n'avoir pas vu l'essentiel, tel autre, encore, dénonce la pauvreté de leur langue, incapable d'exprimer le vrai. L'histoire de la philosophie n'est pas autre chose que l'histoire de ces interventions successives, lorsque le philosophe prend la plume pour dire à ses lecteurs ce qu'est la réalité, comment elle se connaît en vérité et comment elle a été manquée jusqu'à lui. Une fois cette nouvelle bible imprimée et diffusée, elle anime les discussions d'école jusqu'à ce qu'une nouvelle thèse vienne la chasser et lui prendre sa place. Cette histoire est, à sa façon, une succession de prétendants à un même podium : chaque doctrine philosophique nouvelle défend en effet un objet ou une notion, qui est son étendard et son étalon, le favori qu'elle veut promouvoir contre ceux qu'avaient défendus les autres philosophes. Ceux-là plastronnaient en mettant au premier rang l'expérience ? Eh bien c'est la théorie qui sera notre champion ! Ceux-là n'admettaient rien de plus élevé que Dieu ou le Bien, nous voilà qui défendons le Beau ! Là-bas c'est la mort, hier c'était l'amour, là-bas encore la raison, l'être, le désir, la matière, l'histoire. Il en est d'autres encore, mais ils ne sont pas si nombreux que cela, les prétendants au titre d'objet principal de la réflexion philosophique. Une vingtaine de termes, reviennent ainsi successivement depuis plus de deux millénaires, qui sont l'objet de traités raffinés, de disputes savantes et quelquefois de mises à mort.

Des concepts et des notions attendent leur tour. Il faut percevoir leur frémissement, et ceux comme moi dont c'est le métier savent les écouter : nous entendons les timides avancées du bonheur, qui aimerait bien se poser là, de nouveau, sans trop savoir comment ; nous entendons les mouvements un peu agacés de la science, qui cherche un piédestal au goût du jour mais peine à trouver philosophe à son pied. Nous sommes attentifs à leurs bruits et à leurs pas. Du moins nous l'étions, car je ne le suis plus pour ma part, et bien loin d'encourager tel ou tel prétendant, je me propose de mettre fin à tous leurs espoirs. Je voudrais le leur dire doucement, sans forfanterie, sans arrogance aucune, et les inviter ainsi à ne pas perdre leur temps, à ne nourrir non plus aucune rancune mais à venir au contraire me prêter main-forte. Ah, certes non, leur dirai-je, vous ne connaîtrez pas la gloire de qui a nommé enfin le Premier et percé ses mystères, mais vous serez mes exégètes, mes porteurs de ballon, mes supplétifs, vous arpenterez dans son détail le terrain dont je ne donne ici qu'une esquisse, les tribunes que je ne parcours que d'un souffle quand chacun de leurs sièges et chacune de leurs manières mériteraient à eux seuls un ouvrage abondant. Vous ferez école à ma suite, allez !

Si ces pages ne veulent décevoir aucun espoir particulier, c'est surtout et très simplement parce qu'elles vont mettre un point final à l'histoire de la philosophie. Mon ouvrage réfute d'un seul geste toutes les constructions philosophiques antérieures et existantes parce qu'il donne enfin à la réflexion l'objet privilégié qu'elle cherchait sans succès : l'objet véritable de la philosophie est le match de football.

Introduction

Sur le chemin du Stade

Le supporter qui se rend au Stade est parfois ridicule lorsqu'il déambule habillé du maillot ou de l'écharpe de son club, et il est vrai aussi que c'est souvent en éructant qu'il se rend au Stade avec ses semblables. On peut encore accorder que, plus il approche du Stade, plus la raison lui manque, et peut-être même qu'elle lui manque à ce point qu'il en devient sot ou effrayant. Mais ne concédons rien d'autre à ceux qui tiennent le bruit, les cris, l'ivresse et les chants du Stade ou de ses alentours pour des manifestations de violence ou de misère sociale. Ceux-là ne veulent rien savoir du Stade, ils n'en sauront jamais rien et nous ne les en blâmons pas. Sans doute faudrait-il leur dire qu'ils ne comprennent pas ce qu'ils jugent ou condamnent, leur répéter qu'une tribune de supporters n'est pas une manifestation de prolétaires nihilistes qui viennent tromper dans la haine bruyante l'ennui aviné de leur chômeuse existence, que les chants du Stade ne sont pas des slogans xénophobes ou que le football n'est pas exactement un sport. Tout cela serait vain, et vous comme moi avons mieux à faire ici que corriger de fausses opinions reçues. Nous allons bien plutôt rendre hommage au Stade et à ceux qui l'aiment, nous allons ensemble célébrer le Stade. Je le ferai pour ma part en philosophe, soucieux de démontrer combien la réflexion sur le Stade accomplit le désir en quoi consiste la philosophie, mais aussi bien en supporter, fort d'une expérience personnelle, privée, susceptible d'être universalisée.

Commençons par ce qui va de soi et que tout le monde sait. Le football est un sport populaire, le plus populaire sans doute d'entre tous les sports, puisqu'il est de loin le plus pratiqué sur Terre. Il s'agit du premier sport humain. On pourrait dire encore qu'il est l'activité ludique et collective la plus courante. Et l'on pourrait même ajouter que, parmi toutes les activités humaines qui ne sont pas de première nécessité, jouer au football est sans doute celle à laquelle les hommes s'adonnent le plus. Les êtres humains se nourrissent et dorment, ils pensent et se reproduisent, ils désirent, parlent et raisonnent, puis ils jouent au football. Cette habitude n'est certes pas innée, et on ne peut pas affirmer avec certitude que jouer au football entre dans la définition de la nature humaine. Ne serait-ce que pour ces deux raisons : d'une part, parce qu'il y a des êtres humains qui ne jouent pas au football, et qui n'en sont pas moins des êtres humains, il faut s'y faire ; d'autre part, parce que les hommes n'ont pas toujours joué au football. Le football est en effet une activité récente, aujourd'hui âgée d'à peine plus d'un siècle[1].

De quoi s'agit-il au juste ? D'un jeu collectif qui oppose deux équipes, sous la surveillance d'un arbitre et de ses aides. Réunies sur un terrain rectangulaire aux dimensions définies par l'une des dix-sept lois qui régissent l'exercice officiel de ce sport, deux équipes composées chacune de onze joueurs vont s'affronter durant deux mi-temps de quarante-cinq minutes en s'efforçant de mettre le plus souvent possible un ballon rond dans les filets adverses. Car il y a au football un ballon et des filets, les filets des « buts ». Surtout, les joueurs se transmettent le ballon, et l'envoient dans les buts quand ils le peuvent, au moyen de leurs pieds. Voire de leur tête. Au football, l'usage des mains est interdit : comme son nom l'indique, le jeu de football est un jeu de balle au pied.

Les règles du jeu sont connues de tous, et nous sommes nombreux à avoir découvert ce jeu et à l'avoir pratiqué, des années durant, sans jamais avoir besoin de consulter le texte sacré des dix-sept lois, sans même savoir qu'elles étaient au nombre de dix-sept. Le football fait l'objet d'un enseignement par la pratique, et d'un enseignement presque exclusivement oral : on l'apprend en le jouant, on connaît les règles en y obéissant.

Mais voilà assez de rappels, n'est-ce pas ? Le lecteur qui manquerait de connaissances en la matière n'aurait qu'à poser ce petit ouvrage pour se pencher vers son voisin de train, qu'à appeler le premier ami venu, le parent le plus proche, qu'à héler le premier passant, pour obtenir les éclaircissements indispensables. Oui, la chose du monde la mieux partagée est la connaissance du football. Cependant ce n'est pas elle qui occupe les pages qui suivent. Ce dont il va être question ici, ce que nous allons célébrer, c'est le Stade. Le Stade est un aspect du football, il en est même à bien des égards le véritable cœur, mais de manière toutefois bien singulière. Si le Stade est indissociable du football, s'il l'anime, il ne coïncide néanmoins pas entièrement avec lui, car il déploie son existence à côté du jeu, dans les « tribunes ».

De sorte que ce que nous allons célébrer ici dépasse le seul jeu de football, excède les limites du terrain et de la partie. S'il s'agit bien de football, oui, il s'agit plus encore de ce que le football rend possible : une expérience savante et érotique. Le football est affaire de savoir, et c'est au Stade que ce savoir conduit ; le football est affaire d'amour, et c'est au Stade qu'il se fait. Car quoi que l'on puisse dire de son apparente sottise, le supporter qui se rend au Stade n'est pas une brute inculte : il vient au Stade avec une culture, avec un savoir, et c'est pour faire une expérience proprement spirituelle, à la fois morale et amoureuse, que le supporter s'est mis en route. Pour rendre compte de cette expérience unique et trop souvent décriée, il faut trahir quelques-uns des secrets et des mystères que partagent ceux qui chantent dans les tribunes, et il faudra avant tout parler de l'amour qui lie ces supporters et qu'ils portent au Stade. En écrivant ces pages, je n'ai certes fait que mettre quelques mots sur la cérémonie amoureuse de nos samedis ou de nos dimanches, quelques mots sur nos week-ends de supporters. Des mots qui relatent d'abord mon expérience personnelle, qui est toutefois d'emblée celle de mes milliers et millions de coreligionnaires, puis des mots qui deviennent des concepts et offrent à la seconde partie de mon ouvrage le privilège d'exposer la vérité du Stade.

Chapitre premier

Le supporter dans son Stade

Je suis entré pour la première fois dans l'immense enceinte il y a plus de vingt-cinq ans. Mon père qui m'y avait conduit n'éprouvait guère que de la curiosité pour le football, mais nous étions là. Peut-être lui avait-on offert nos places, je ne m'en souviens plus. Je ne me souviens que de la tunique des joueurs – elle était plus sombre à l'époque –, de la couleur des gradins, des drapeaux, des fumigènes, des tambours, de la chaleur du Stade qui était pourtant à moitié vide. Ce jour-là, dans des circonstances imprévues, je devins supporter. Je n'avais rien saisi alors des raisons du rite que j'apprendrais par la suite à célébrer avec un cousin plus avisé et quelque peu initié, mais j'en avais aperçu quelques moments, quelques mouvements : j'avais vu la beauté des tribunes.

J'aime au Stade

On permettra que je me prononce souvent dans ces pages à la première personne, en mon nom propre, renonçant à l'usage académique auquel m'habitue mon statut d'universitaire : c'est de ma propre expérience de supporter, de ma propre expérience érotique, que j'entends vous entretenir. Je ne doute toutefois pas un seul instant de l'universalité de mon propos, ou, plutôt, de l'universalité de mes sentiments : l'expérience amoureuse que je veux décrire est en effet commune à tous les supporters. Si je la dis en mon nom propre, c'est parce qu'elle est l'occasion pour chacun d'un rapport à soi-même, d'une affection intime de soi qui me paraît plus spontanément rendue si elle est évoquée à la première personne.

Le Stade est amour. Au Stade, j'aime, et j'aime le Stade tout entier, en même temps que chacun des autres supporters l'aime, et en même temps que nous nous aimons tous. Voilà un autre aspect, cette fois, de la communion en laquelle consiste le Stade. Voilà surtout son aspect principal, car le Stade se distingue bien d'abord comme une forme absolument originale de communion érotique. Les mots « amour » et « communion » ne sont pas impunément mentionnés à propos d'une cérémonie, et c'est sans doute l'une des raisons pour lesquelles la comparaison entre la célébration de la messe catholique et le match de football s'impose spontanément à bien des esprits. Ne nous y laissons pas d'emblée tromper : je vous dirai bientôt pourquoi le Stade n'est pas une messe.

J'écris « Stade » avec une majuscule. C'est pour moi une marque de dévotion, bien sûr, mais également un moyen de signaler dès maintenant combien ce mot ne désigne pas un bâtiment, ou du moins pas seulement, mais désigne, tel un nom propre, une réalité particulière, comme s'il n'y avait qu'un seul et unique Stade. Et c'est un peu vrai.

Des milliers de stades existent, des petits et des grands, des stades dessinés sur des pelouses, d'autres sur des matières synthétiques, des stades bordés de tribunes, d'autres de champs, d'autres encore ouverts à tous les vents. Certains ont un toit, certains sont en ville, certains ont la taille d'une ville, d'autres sont de forme circulaire ; il en existe dont le squelette est en acier, d'autres qui sont articulés et modulables. En la matière, tout est possible. Le « stade », à l'origine, est le nom d'une mesure. Il s'agit d'un terme grec (*stádion*), qui nomme une distance d'environ cent quatre-vingts mètres. Le mot a ensuite été employé par ces mêmes Grecs pour désigner la distance parcourue lors de certaines courses : des courses à pied ou des courses de char, qui se déroulaient sur un parcours circulaire. Au fil du temps le « stade » a fini par désigner les courses elles-mêmes, et plus particulièrement les courses de char, puis finalement l'enceinte où ces courses se déroulaient. Quelque chose de ce mélange entre le bâtiment et ce qui se déroule en son sein s'entend lorsque, aujourd'hui, on décide de se rendre « au stade ». « Aller au stade », c'est aller voir le match qui va y avoir lieu. Mais ces indications étymologiques ne suffisent en rien à dire ce qu'est le Stade, le Stade majuscule. Dire que le Stade n'est pas seulement un bâtiment mais également une activité sportive ne suffit pas, non, à faire apercevoir que le Stade est un état, une forme d'alchimie très admirable qui, dans les limites des tribunes, va mêler et fondre une partie de football, une cérémonie spirituelle, un acte amoureux collectif et des supporters dont l'identité même est bouleversée. Dans ce mélange qui va entrer en fusion, on ne peut verser n'importe quel ingrédient.

Soyons rigoureux. Et d'abord sur ce point, dont les conséquences sont importantes : au Stade, c'est un supporter qui doit entrer. Nul ne devrait entrer dans un Stade sans être supporter. Un stade dans lequel entrerait un trop grand nombre de spectateurs ordinaires ne serait pas un Stade majuscule : la fusion serait impossible, il y manquerait l'ingrédient et la chaleur, c'est-à-dire l'essentiel. Il convient d'y veiller, car les dirigeants des clubs de football et leurs trésoriers tentent parfois très maladroitement de « faire venir au stade », comme ils disent, des spectateurs qui en modifient la constitution physiologique et qui menacent malgré eux l'advenue et l'érection cultuelle du Stade majuscule. On pense à ces dames que des affiches invitent à venir assister gratuitement aux matchs, ou à tous ceux qui, certains soirs, sont attirés encore par des tarifs d'entrée extraordinairement bas. Mais qui formera ce public, dans l'urgence, aux mystères du football et du Stade, qui ? Qui dira à ces spectateurs venus comme autant de curieux le rythme et les usages de la cérémonie amoureuse ? Qui leur expliquera au moins les grands principes de la célébration qui advient dans ce lieu consacré ? Qui leur apprendra le passé, qui leur dira où ils sont ?

Je vais prendre sur moi une partie de cet indispensable préambule : venez, suivez-moi et apprenez le Stade.

L'entrée du Stade

Il n'y a de Stade et de match que de football. Chacun le sait. La seule dispute qu'on tente de provoquer, parfois, est celle qui opposerait les matchs de rugby aux matchs de football, au motif que, après tout, des matchs de rugby sont organisés dans les mêmes enceintes et rassemblent parfois autant de publics que les matchs de football. Il y a là un gigantesque malentendu. La malveillance d'un observateur peu épris de Stade donnera le plus souvent lieu à ce jugement où le mépris social le dispute à l'ignorance sportive : sachant que le football est mauvais, que ses supporters sont méprisables et qu'ils se livrent à des violences ou à des méfaits lors de leurs cérémonies, ne peut-on leur opposer une semblable célébration sportive, qui ne montrerait pas les mêmes écarts ? Après quelques ratiocinages feints, voilà que chacun d'entre ces critiques ne manque pas d'en appeler au rugby ! Au rugby ! Aux matchs de rugby, à leurs joueurs patauds et à leurs supporters paisibles, aux accents chantants, aux cornemuses, aux mêlées franches, à la force retenue et à toutes sortes de niaiseries sur la grande santé de sportifs amateurs ou presque. On trouvera même quelques plaisantins gallois ou pyrénéens pour soutenir la thèse selon laquelle le football serait le sport de l'argent roi ou de l'argent fou quand le rugby viendrait pour sa part dessiner sur la pelouse les courses de villages et les humbles mœurs des gens de peu. Fadaises !

Seule importe, et c'est bien ce contraste qui devrait apparaître à tous les observateurs, la parfaite universalité du football. L'amateur de rugby connaît ou pratique ce sport en même temps qu'il hérite ou découvre les autres pièces d'une culture qui le conduira inévitablement à cette « troisième mi-temps » avinée et paillarde à laquelle tous les amateurs de rugby, joueurs inclus, sont sommés de participer. Rien de tel au football. Et c'est du reste pour cette raison que les sorties de Stade sont parfois violentes : le supporter qui sort du Stade est abandonné.

Tout a lieu au Stade, le Stade épuise sa propre célébration, aussi le supporter vit-il la sortie du Stade comme une déroute, toujours, une sorte de dépossession, oui, comme si le Stade en nous expulsant de ses entrailles nous enlevait soudain notre identité de supporter pour nous rendre celle que nous avions avant d'y entrer et que nous avions presque oubliée. Il y a incontestablement quelque chose de brutal dans cette sortie, quelque chose qui tient du trop-plein d'air, de la naissance peut-être, de la fin d'une étreinte, surtout. Les bras qui avaient embrassé le supporter, qui l'avaient serré tout contre ses semblables, se sont relâchés, le supporter retombe au sol, il est dehors. Il est seul.

Notons que l'importance du Stade a été bien perçue par les autorités publiques. Ces dernières années, lors des grandes compétitions footballistiques, la plupart des villes européennes ont mis à la disposition de leurs citoyens des écrans géants afin de leur permettre de se regrouper et de célébrer une sorte d'ersatz de Stade, bien serrés les uns contre les autres sur une place publique et tous tournés vers quelque écran géant. Pour toutes sortes de raisons que je vais bientôt évoquer, l'écran n'a jamais permis de faire un Stade et cela n'a donc jamais permis non plus aux spectateurs ainsi rassemblés de vivre en véritables supporters. L'effort reste toutefois louable car il rend possible au moins l'un des ingrédients de la cérémonie qu'est le Stade : le rassemblement festif. Pour le reste, il est incomplet, car rien n'y fera jamais : le Stade exige un stade de football et une partie de football, un espace cultuel clos et de la chair. Un écran, si géant soit-il, ne permettra jamais à un joueur de venir exposer son corps nu contre le grillage où le supporter presse ses mains et ses lèvres.

Mais laissons à sa tristesse le supporter qui sort du Stade, pour l'observer, quelques heures plus tôt, au moment où il y pénètre.

Il faut dire la beauté du Stade et comment elle se découvre à cet admirateur. Ceint des hauts murs que forme le dos de ses gradins, le Stade montre une enveloppe de béton, souvent laide, ajourée parfois de consoles entre lesquelles des fragments de tribunes ou même de terrain sont aperçus, brodée encore des câbles auxquels certains architectes récents ont voulu appuyer et suspendre les gradins. Le bâtiment du Stade est posé dans la ville, où il n'a pas vocation à s'inscrire sans heurt ni à s'insérer véritablement : il est comme une prothèse qui, greffée sur le corps de manière très artificielle, très voyante, accompagne toute son existence et qui, parfois, se transforme en même temps que lui, mais sans jamais se fondre en lui. Le Stade tranche toujours. Songez à Anfield, construit à Liverpool dans les dernières années du XIXe siècle, au cœur de la ville, dans ses rues, ajoutant quelques tribunes au gré de sa croissance, coiffant ses tribunes mais doucement, à son rythme. À Liverpool, ce Stade qui est l'un des plus bouleversants au monde obéit à l'injonction « rien de trop » : la raison en est qu'il ne grandit pas avec la population de la ville, sa mesure est le chant. Quarante-cinq mille places, cinquante peut-être, mais rien de trop, car nul n'entre ici s'il n'est supporter. Et encore, voilà qui n'est pas même vrai, puisque la ville de Liverpool a crû sans que le Stade l'imite : il y a beaucoup plus de supporters des *Reds* qu'il n'y a de places à Anfield, de sorte que non seulement le Stade n'accepte que des supporters, mais qu'il en refuse.

Il y a dix ans de cela, la loi et la police d'Angleterre ont assis les supporters qui jadis étaient debout, ils ont également diminué leur nombre dans ce qui fut la plus grande tribune au début du XXᵉ siècle, mais ils n'ont pas fait taire les chants qui montent désormais de la vaste tribune asymétrique, élevée au-dessus des autres. Le Stade y a trouvé une forme architecturale déplorable aux yeux de qui n'y a jamais pénétré, magnifique à ceux de qui a eu ne serait-ce qu'une fois ce privilège. À des années de distance de cela, dans la ville éternelle, le Stadio Olimpico a gardé la mémoire de ses ancêtres grecs et romains : il est une sorte de piste de course qui n'en finirait plus de s'élever dans les airs, une vaste tribune circulaire où plus de quatre-vingt mille romains parviendraient aujourd'hui à chanter les louanges de la Roma ou de la Lazio si le Stade savait encore les attirer. Mais, là-bas, tout paraît perdu, tant la télévision semble avoir réussi à assigner les supporters à domicile. Pleurons nos frères romains, transformés en spectateurs et voués aux canapés par les grands épiciers de la Bourse.

D'Anfield à l'Olimpico, le changement architectural et social est immense. Liverpool a choisi le bois et l'acier dans la ville, Rome le béton, et lorsque les deux stades furent rénovés au même moment, dans les années 1990, on continua d'y adopter des choix de construction et surtout d'occupation extrêmement différents. À Rome, on trouve, recouvrant les tribunes, un toit synthétique particulièrement audacieux, qui repose sur de gigantesques poutres tubulaires et courbes qui viennent resserrer en anneau, loin au-dessus du terrain, un cercle de ciel et de lumière. À Liverpool, les tribunes ont des toits inclinés qui écartent les eaux de pluie. Rien de plus ; rien de trop. Ce sont des bâtiments différents et, en dépit de leurs possibles parentés architecturales, on

pourrait accorder que tous les stades ont des particularités, des visages, depuis l'étonnante géométrie angu-
leuse du Maksimir de Zagreb, qui paraît tout entier
construit dans le refus des courbes, jusqu'à la forme
déconcertante de l'Alberto Armando de Buenos Aires,
le stade des Boca Juniors, qui vu du ciel est une sorte
de gigantesque lettre D colorée, dont la barre verticale
est un empilement en hauteur de tribunes et de loges.
Une sorte d'immeuble. Et du stade de Highbury, rem-
placé récemment par un somptueux rejeton de verre et
de métal, du stade qui surgit tout à coup entre les jar-
dins des maisonnettes de Highbury Hill, sans que l'on
comprenne comment ces petites maisons londoniennes
et leur unique étage avaient pu le cacher, non, du stade
de Highbury, je ne dirai rien. Voilà un secret pour les
initiés. Highbury est un stade par trop bouleversant, et
mon nom restera à jamais attaché au proverbe qui dit
« De Highbury, je ne me suis jamais remis. »
   Tous les stades diffèrent, bien sûr, mais tous ont une
pelouse, tous peuvent accueillir et asseoir leurs spectateurs, et pourtant leurs gradins ne sont pas identiques.
Je pourrais poursuivre indéfiniment la liste des différen-
ces et des points communs qui éloignent ou apparentent
les stades du monde. Un seul de ces points communs
doit retenir notre attention : lorsque les supporters y
sont présents et que le ballon rond se déplace sur leur
pelouse, c'est le Stade que chacun de ces stades accueille
et devient. Il se métamorphose et réalise alors enfin ce
pour quoi il a été un jour construit, il réalise ce qu'un
tournoi d'athlétisme ou un concert de rock n'auraient
jamais su lui donner : sa vocation de Stade.
   La vocation du Stade est d'être une cérémonie, qui
commence lorsque le supporter franchit ses premières

enceintes et le pénètre, découvrant à chaque fois sa beauté.

La beauté du Stade est tout intérieure : comme celle de ces statues anciennes qui représentaient un personnage de très vilaine apparence, mais dissimulaient en elles des statues d'une surnaturelle beauté. Ainsi en va-t-il du Stade, qui cache ses splendeurs dans son habit de béton et de briques.

Le moindre des charmes de l'entrée au Stade n'est pas la manière dont il apparaît peu à peu au supporter. Une fois franchies les premières enceintes, la beauté du Stade se livre d'abord par toute une série d'interstices rectangulaires : les portes ou portiques extérieurs, les guichets étroits où les billets sont vérifiés et déchirés, puis une entrée éloignée, les lignes d'un premier escalier sur les côtés ou en haut duquel il aperçoit la lumière qui monte du terrain, ou bien ces espaces entre les murs qui découpent parfois un fragment de pelouse. Le supporter est toujours accueilli de la sorte : progressivement. La pelouse des grands stades n'est pas offerte nue comme le sont les stades de villages, elle est révélée par bribes, c'est une manière bien particulière pour le Stade de s'offrir par scintillements ou tableaux successifs et partiels. Le supporter ne découvre le ventre du Stade en entier qu'une fois les gradins atteints. Le plus souvent, il y accède par une porte découpée dans le béton, ou bien par un escalier, une ouverture qui donne accès à telle ou telle portion des gradins. Au Stade, cela se dit « tribune », et c'est lorsqu'il franchit l'entrée de sa tribune que le supporter découvre enfin le Stade, la beauté illuminée du Stade. Il faut voir comment le supporter passe ce seuil : c'est l'instant, pour lui, de toutes les fragilités. Il suffoque. Il est rare, lorsque le supporter quitte le Stade, fût-ce après une victoire de son équipe, qu'il ne baisse pas la tête en franchissant de nouveau ce seuil. Ce que l'enceinte a de plus sacré se délimite ici, le plus souvent. Le passage est silencieux, il est rapidement franchi. Quand il entre, le supporter marque toujours un moment d'arrêt, mais infime ; c'est une suspension dans son entrée, le temps pour lui, émerveillé chaque fois, et grave toujours, d'être un instant arrêté par la force du tableau et la grandeur de ce qui s'y joue. Dans le silence des mots et des pensées, dans la respiration retenue, l'esprit du supporter qui voit l'ensemble du Stade se rend à cette fébrile évidence : c'est ici.

Il y a là un instant de stupeur et presque d'affolement qui fait toute la particularité de l'entrée dans le Stade et qui se voit toujours : il suffit de se poster aux entrées du Stade pour l'observer, sur le visage des supporters qui marquent une pause grave ou apeurée au moment où ils franchissent le seuil de leur temple. Oui, la découverte du Stade, de ses entrailles, est un moment affolant. Bien trop de choses s'offrent alors à nous, qui découvrons l'immense pelouse, qui jetons un coup d'œil à toutes les tribunes, qui regardons la foule de ceux qui, comme nous, rejoignent leur siège.

Je prends note de l'affluence, je vérifie que tout le monde est là, ici autour de moi, sur les côtés, que les différents groupes de supporters sont déjà actifs dans les virages ; mon regard est attiré par les banderoles, puis j'entends les chants qui déjà montent derrière les buts, j'ai moi aussi commencé à chanter, sans même m'en rendre compte ; je reconnais et retrouve les mouvements habituels, le ballet des placiers, des agents de la sécurité, le bruit si typique, les odeurs du Stade ; je vois et hume la fumée dense des fumigènes dont les nuages se

déplacent fixés sur le côté des gradins puis happés par le ciel ou précipités parfois vers le sol où ils viennent s'accrocher à l'herbe de la pelouse. Le vent distrait le supporter, le vent qui ne le quittera pas tant qu'il ne sera pas à l'abri dans sa tribune, les courants d'air qui sont le lot de tous les stades, de toutes leurs entrées avant que l'accès à la tribune ne libère une sorte de grande bouffée d'air qui donne au supporter enfin installé au-dessus de la pelouse le sentiment de toiser le monde depuis le sommet d'une haute montagne. Au Stade, le grand air, et à l'entrée du Stade, la découverte progressive de ce sommet.

Cette découverte par bribes, étape par étape, joue un rôle majeur dans le rythme d'une cérémonie dont il faut bien admettre qu'elle est un rite initiatique ; voilà du reste qui n'est pas toujours bien connu, y compris, ce qui est étonnant, par les architectes eux-mêmes. Lors d'un entretien avec les quatre architectes qui ont construit le remarquable Stade de France, en banlieue de Paris, un journaliste constate avec intérêt que « le fait que l'on puisse apercevoir la pelouse de l'extérieur du Stade est inattendu ». L'un des quatre architectes, au lieu de reprendre le journaliste et de lui dire qu'il se trompe puisque la pelouse n'est au contraire que très partiellement aperçue, lui fait cette réponse : « Cet aspect relève autant de la psychologie des visiteurs que de l'esthétique architecturale. Lorsque quelqu'un voit la pelouse de l'extérieur, il n'éprouve pas l'angoisse qui existe quand il est derrière un mur de béton. Il voit la pelouse et se dit : je suis arrivé. Est aussi présente l'idée d'ouverture du stade sur la ville. Je me souviens toujours que Michel Platini disait : "Votre stade est très beau, j'ai voté pour, mais

maintenant n'oubliez pas, il n'y a rien de plus important que la pelouse. C'est là où est le spectacle."[2] ».
Cette réponse a ceci d'intéressant qu'elle reconnaît la force des émotions que provoque l'entrée au Stade, tout en manquant parfaitement le plaisir grave et quelque peu effrayé qu'éprouve le supporter qui vient célébrer et que la majesté du Stade impressionne. Le supporter ne se demande jamais s'il va voir la pelouse tout entière ou ne pas la voir, il est celui qui arrive dans le Stade et le découvre, il est celui qui prend le temps de cette arrivée pour quitter la ville et la cité dont il est le citoyen, pour rester en ville mais en marge de la ville. La remarque de l'architecte qui fait en ces termes l'éloge de son propre ouvrage est bien sûr une cuistrerie sociologisante (comme s'il fallait qu'un objet quelconque fût « ouvert sur la ville » pour avoir un peu de valeur), mais c'est surtout une erreur, que vient judicieusement rappeler l'avertissement du grand Platini : le supporter quitte la ville et l'oublie au moment où il regarde la pelouse. La pelouse qu'il découvre par bribes puis tout entière n'est plus la ville ni rien de la réalité sociale, elle est un espace artificiel autour duquel toutes sortes de symboles vont être agités, prononcés ou mus pendant une heure et demie.

Le vert des pelouses et leur éclairage disent bien l'artifice du Stade. Fabriquée dans des serres et quelquefois étalée le jour même du match dans l'enceinte, la pelouse est le sol presque synthétique, parfaitement mesuré et géométrisé, où se déroule un ensemble d'activités elles-mêmes stylisées et chorégraphiées. L'éclairage est à l'avenant. C'est du moins ce que l'on perçoit lors des matchs nocturnes. Il y a quelques années encore, la plupart des grands stades étaient

dotés à leurs quatre coins de grands ensembles de projecteurs montés sur pylônes. L'éclairage était alors beaucoup moins diffus qu'il ne l'est aujourd'hui, et les joueurs se trouvaient flanqués de quatre ombres identiques et perpendiculaires. Le joueur courait ainsi, devenu sur une pelouse brillante le centre coloré d'une étoile ou d'une fleur aux quatre pétales. Un papillon en somme, qu'on ne voit plus aujourd'hui que sur les stades de villages, la nuit venue. Dans les grands stades, un autre artifice lumineux a métamorphosé le papillon en araignée d'eau : l'éclairage nouveau, latéral et bien plus homogène, est désormais disposé de telle sorte que le joueur semble en effet détaché très nettement de la pelouse, elle-même plus verte et surtout plus argentée qu'elle ne l'était, et qu'il paraît alors glisser sur elle, comme sur une eau parfaitement lisse. Lorsqu'un joueur manque son tir ou tombe et qu'un peu de terre vole sous son pied, on en est surpris : on le croyait à peine posé sur un long tapis vert, on l'y voyait flotter. Il y a bien cependant, dans ce tableau si beau et si soigné, des irruptions de terre, de la boue qui vole et souille les maillots, de l'herbe arrachée et projetée, un peu de sang, quelques saletés de papier qui tous annoncent l'irruption de la chair et de l'amour.

Le supporter dans les tribunes, qui comme moi regarde de haut cette moquette fluorescente et ces chorégraphies en apesanteur, sait très bien ce qu'il faut attendre des corps soulevés par la lumière. Je sais qu'ils tomberont bientôt, je sais que les chairs se montreront. J'attends, j'espère.

Qu'est-ce qu'un supporter ?

Le supporter, comme le dit son nom, est celui qui supporte. Le terme n'est pas un anglicisme, il est le nom presque universel d'une activité, le nom de ce que nous faisons : nous supportons, nous supportons dans ces bras que sont les tribunes, nous portons notre équipe, nous la soulevons et nous l'embrassons en même temps que nous transportons une longue histoire. Le supporter est le nom d'une appartenance, car il n'y a pas de supporter seul, il n'y a que la communauté qu'il forme avec ses semblables.

Peut-être faut-il dire ce que n'est pas le supporter. Il n'est pas, avant tout, un spectateur. Il y a dans les stades, lors des matchs, des spectateurs, des invités, du public, des gens, des familles, des touristes et des commerciaux ennuyés que leur hiérarchie envoie dans une loge pour mener une conversation inutile ou nouer un contact professionnel improbable. Toutes sortes de gens vont au stade par curiosité, certains suivent le match avec intérêt, d'un bout à l'autre, d'autres s'y ennuient, quelques-uns regardent les tribunes, s'émeuvent des cris, des gestes, voire des grossièretés qu'ils entendent. Mais un public de spectateurs, si attentifs qu'ils soient, si actifs encore qu'ils puissent être, ne fait pas une communauté de supporters. Les supporters se distinguent des autres spectateurs qui entrent dans les stades de trois manières : par l'aspect, par la culture et par l'activité. Ces trois particularités font l'identité du supporter. Le supporter est celui qui connaît le Stade et qui l'aime.

Le supporter est drapé dans les couleurs de son équipe. Il porte un signe d'appartenance, discret ou voyant, silencieux ou bruyant. Voilà qui le distingue manifestement des simples spectateurs, puisqu'on le remarque dans les foules qui se déplacent vers l'entrée du stade. Mais, quoi qu'on en pense, l'aspect ne suffit pas à faire le supporter. Et si, là comme ailleurs, l'habit ne fait pas le moine, c'est avant tout parce que le supporter se distingue par son savoir. Le supporter partage avec ses semblables une culture orale d'une richesse considérable : elle repose sur une tradition vieille de plus d'un siècle, elle est nourrie d'événements internationaux, elle rassemble les générations et, comme toute culture orale, elle se transmet dans les familles et entretient les relations amicales. Le supporter est ainsi riche d'une culture footballistique découverte puis entretenue auprès d'un frère, d'un oncle ou d'un père, construite peu à peu en marge des réunions familiales, affinée avec des amis, approfondie parfois par des lectures et confirmée par des images télévisées. Lorsqu'il part assister à un match, le supporter vient éprouver ce savoir et l'entretenir : il va pouvoir soumettre des hypothèses à l'épreuve des faits, vérifier un propos rapporté ou un jugement journalistique, il va pouvoir découvrir encore une nouvelle combinaison de jeu ou apprécier la manière dont les tribunes adoptent un nouveau chant et s'y entraînent. Le supporter vient au Stade avec peu de chose, les poches d'autant plus vides qu'on les fouille et que les forces de l'ordre interdisent qu'on apporte dans les tribunes le moindre objet qui pourrait être transformé en projectile : le supporter est démuni. Il vient sans livre, il n'a pas besoin de tableaux et de dossiers, il sait depuis des lustres, il connaît tout de l'équipe à laquelle il consacre son attention. Le supporter est un savant, oui, un savant, un amoureux de la beauté, un démuni qui vient au Stade les mains ouvertes. Il se souvient de la manière dont son cousin plus âgé lui avait vanté les mérites de cet avant-centre désormais retraité ; il se souvient d'avoir entendu parler de cet entraîneur taciturne qui, il y a vingt ans de cela, était un arrière droit exubérant et assez brutal, il sait très bien que la défense en ligne n'a jamais été le fort du Barça, que la Juventus semble se faire une obligation de ne pas déborder sur les ailes et que les équipes anglaises ont une sorte de culture, à leurs dépens ou à leur avantage, du retournement dramatique. Les équipes anglaises, le supporter le sait, ont une disposition à la tragédie. Et c'est pourquoi on aime les voir jouer. Le supporter, lorsqu'il chemine avec d'autres supporters sur le chemin du Stade, est un érudit qui discute savamment, qui réfute, qui suspecte la pertinence d'une hypothèse, qui condamne le choix tactique de l'entraîneur.

Le supporter, enfin, vient dans les tribunes pour se livrer à un ensemble d'activités bien définies et très réglées. Avant toutes choses, il rejoint dans les tribunes un groupe de danseurs et de chanteurs, car le match est une cérémonie dansée et chantée. Elle se déroule selon des rites passablement immuables, qui ne semblent pouvoir être modifiés qu'avec parcimonie et prudence, et elle ne tolère guère d'écarts.

Les chants et les danses, tout comme le choix des vêtements et des accessoires, sont dans le Stade réglés par une coutume rigoureuse. Le supporter est, par exemple, susceptible en toute saison de porter une écharpe aux couleurs de son club et de la faire servir à différents usages : l'écharpe est d'abord le signe d'appartenance qui porte donc le nom et les couleurs de son camp ; elle peut être brandie et tendue, bras écartés, le plus souvent en début de match, pour transformer les tribunes en un gigantesque patchwork de rectangles ; elle peut encore porter des messages, célébrer des dates phares de la vie du club ou indiquer d'elle-même, par la date qui quelquefois y figure ou par son seul motif, depuis combien de temps son propriétaire soutient son club. Le reste des accessoires est à l'avenant, depuis les maillots identiques à ceux des joueurs et les casquettes frappées des insignes du club jusqu'aux perruques ou divers maquillages qui ornent les joues et les fronts. Il y a un uniforme du supporter, on le sait, qui vient accompagner les drapeaux et les fanions pour recouvrir les tribunes des couleurs célébrées. Mais ne vous laissez pas impressionner : ce sont les gestes et les chants du supporter qui accomplissent au mieux cette célébration, et ce sont eux qui distinguent finalement le supporter du spectateur ordinaire.

Dans les gradins des arènes où les taureaux reçoivent l'estocade, le public n'intervient que ponctuellement, le plus souvent en connaisseur, pour saluer ou conspuer le geste du torero : si le « olé ! » est la plus ordinaire des exclamations qui viennent féliciter la passe réussie, les connaisseurs, les *aficionados*, emploient très volontiers le compliment moral, pour saluer l'audace, le courage, l'élégance ou la vertu du torero (et même celle de son adversaire à cornes, puisqu'on peut saluer la bravoure de la bête, voire la gracier lorsque son ardeur au combat lui vaut d'être épargnée à la demande de la foule), ou de la même manière pour dénoncer sa lâcheté ou son absence de pudeur lorsqu'il déroge à son art. L'*aficionado* mécontent se lève brutalement du siège où il était assis et crie : « Sans vergogne ! » (« *¡sin verguenza !* »).

Il y a dans le Stade des comportements de cet ordre, des jugements avisés portés sur la vertu des joueurs, mais ils obéissent à des règles collectives différentes. Là où, dans bon nombre d'arènes tauromachiques, ce qui est crié par un spectateur peut être entendu de tous, y compris du torero, il n'en va évidemment plus de même dans les tribunes du Stade où un jugement, fût-il hurlé, ne parviendra qu'exceptionnellement aux oreilles d'un joueur. C'est qu'il faut distinguer, en la matière, entre deux sortes de jugement, deux manières de faire l'éloge du jeu et des joueurs ou au contraire de les blâmer, selon qu'on se prononce comme individu ou bien comme groupe.

Le jugement prononcé à haute voix, l'encouragement ou l'insulte, l'exclamation admirative ou la condamnation, tout cela est réservé aux voisins de tribune. Du moins lorsque c'est un supporter seul qui se manifeste de la sorte. Geste à l'appui, la main tendue ou le corps dressé, le supporter s'exclame favorablement ou défavorablement en signifiant à ses compagnons de tribune qu'il porte un jugement devant eux, et en même temps qu'il leur soumet ce jugement, il les invite à partager son avis, ou bien à en débattre. Quelle que soit son intention, il parle à ses semblables. C'est ainsi et sa posture ne doit pas le dissimuler. Il y a là parfois matière à ambiguïté, puisque le supporter peut parfaitement s'exclamer sans quitter des yeux la pelouse ni se tourner aucunement vers ses voisins, comme s'il s'adressait aux joueurs sur le terrain. C'est à son ton comme à son contenu parfaitement repérable que l'on peut reconnaître cette exclamation. « C'est pas vrai ! », « Mais c'est pas possible ! », sur un ton qui vient allonger en une plainte accablée la dernière syllabe de la phrase, reste l'expression consacrée du malheur ; la surprise à peine feinte du supporter qui voit une faute commise à l'encontre des siens échapper à toute sanction arbitrale, elle, s'exprime le plus souvent au travers d'un « Quoi ? ! » stupéfait, dont la soudaineté, justement, s'entend mieux lorsque le supporter se lève brutalement et désigne d'une main vengeresse le lieu de la faute, avant que la voix condamne à son tour l'arbitre aveugle ou le joueur fautif, pour les vouer aux gémonies : les sifflets et le très classique « Arbitre, enculé ! » disent au mieux cette ferme colère. Ce sont là quelques-unes des expressions qu'un individu peut prononcer dans les tribunes, pourvu qu'il y mette le ton, et qui s'y trouveront parfaitement reçues, d'autant mieux sans doute que chacun peut les prononcer à son tour ou bien choisir de les reprendre. Toutefois, lorsque ces exclamations sont reprises, et qu'un certain nombre de supporters entonnent en chœur l'une d'entre elles, il ne s'agit plus de la même forme de communication. Lorsque la tribune reprend en chœur une exclamation, c'est qu'elle a choisi de se métamorphoser elle-même en un chœur : elle chante et danse.

Les exclamations collectives sont les mêmes que les exclamations individuelles : la succession des passes réussies que l'adversaire ne peut interrompre est saluée d'un « olé ! » général, et l'arbitre reste tout aussi « enculé » que dans l'exemple précédent. Mais les tribunes ne sont plus exactement dans la situation du supporter qui dit à ses compagnons sa joie ou son mécontentement, elles sont devenues un chœur entier, qui chante l'éloge ou le blâme et se fait désormais entendre de tous dans le Stade. Des joueurs, des entraîneurs, de l'arbitre qui entend la manière dont on le blâme, du joueur fautif qui sait, lui aussi, combien certains, là-haut, réprouvent

sa conduite. Les voix qui s'ajoutent les unes aux autres pour faire entendre une même exclamation atteignent toutes les oreilles du Stade, jusque sur la pelouse, et c'est une voix unique qui parle alors, la voix de la tribune. Cette voix unique ne se forme en rien au hasard du jeu : elle est extrêmement ritualisée. Les supporters ne reprennent pas n'importe quel mot d'ordre, et l'on verrait mal, en effet, des milliers de personnes s'accorder spontanément sur l'opportunité de dire la même chose au même moment, qui plus est sur le même ton. Des cris spontanés ne sauraient se mêler, pas plus que ne pourraient s'accorder entre eux des milliers de blâmes ou d'éloges si le texte n'en était pas connu par avance de tous les membres du chœur. C'est après tout une expérience que l'on peut faire en groupe ; essayez donc de condamner à plusieurs une conduite particulière, en prononçant de concert un jugement moral sur l'auteur de tel ou tel crime : les expressions et les tons, pour semblables qu'ils puissent être, n'atteindront jamais la belle univocité de la tribune, lorsqu'elle dit de l'arbitre coupable ou distrait qu'il est un « enculé ». Le Stade rappelle ainsi qu'il n'existe aucune parole collective qui ne soit apprise, entraînée et préparée : nous autres supporters, nous avons appris notre texte. Et nous l'avons appris pour le chanter, tout comme certains viennent prier ou chanter dans leurs chorales ou leurs paroisses.

Lorsque l'éloge et le blâme parviennent à se faire entendre jusque sur la pelouse, les tribunes sont devenues des chœurs et les paroles chantées par ces chœurs le sont de telle façon que, tout comme les sifflets multiples et les claquements de mains, l'on puisse les entendre d'un bout à l'autre du Stade, et que des tribunes opposées puissent reprendre l'exclamation, la poursuivre ou bien la compléter. La joute à laquelle se livrent les tribunes est destinée à embrasser les joueurs de la manière la plus sonore qui soit, en les étreignant dans un même chant. Il s'agit aussi d'une joute morale, comme si les tribunes se disputaient le rang de meilleur juge, pour s'imposer comme celle qui donne le ton, qui lance les invectives ou prononce les sanctions. C'est en écoutant les tribunes que l'on comprend combien leurs chants et leurs exclamations, qui peuvent sembler violents, guerriers ou encore homophobes, ont en réalité une signification profondément morale.

Oh, bien sûr, le vocabulaire en est toujours imagé, excessivement familier, grossier, mais le fond en est très simplement moral : ainsi, celui qu'on appelle « enculé » dans les tribunes, est celui qui, félon ou traître, simulateur ou brute épaisse, a renoncé à respecter la loi ou à la faire respecter. L'enculé, qu'il n'y ait pas de malentendu, c'est avant tout le salaud, sans foi ni loi. La tribune chante la beauté du jeu et condamne la laide immoralité de l'injustice : lorsque le héros déchoit, lorsque le guerrier fuit le combat et lorsque l'athlète est en deçà de ce que son public attend de lui, il perd la virilité qui était attachée à son rang.

La moralité naturelle des tribunes explique d'ailleurs pour partie qu'elles puissent devenir belliqueuses : les tribunes ont parfois la mauvaise foi des armées en guerre, oui, lorsqu'elles veulent voir la beauté chez leurs héros mais qu'elles refusent par principe de la voir chez leurs adversaires. Et il arrive aussi, mais voilà qui est horrible, que les tribunes soient à ce point indignées par l'indigence du jeu des leurs, à ce point accablées par leur faiblesse du jour, qu'elles se mettent à féliciter leurs adversaires. Par dérision, les supporters feignent alors

le retournement absolu, le plus dur qui soit pour les joueurs, et ils applaudissent l'équipe adverse, avec la terrible conviction, dans ces moments qui chez le supporter sont des moments d'abattement et d'autoflagellation, que les joueurs qu'ils supportent ne sont pas des héros et n'en seront jamais. Au soir du *clasico* qui, en novembre 2005, vit l'équipe de Barcelone l'emporter facilement sur celle de Madrid, les supporters du Real assistaient à la défaite de leur équipe et applaudirent comme jamais les joueurs du Barça. Au moment de quitter le Stade, ils n'étaient pas devenus des inconditionnels du Barça, loin de là, ils étaient simplement, ce soir-là, des supporters du Real humiliés, qui avaient décidé de contribuer à leur propre humiliation en saluant leur propre misère. Voilà une preuve parmi d'autres que le supporter est un homme moralement exigeant, qui s'impose d'abord à lui-même ses exigences. Il adopte toujours à l'égard de son club et de ses semblables une fidélité absolue : dans la douleur et dans la honte, applaudissant l'horripilant Ronaldhino, le supporter du Real reste un supporter du Real.

Le supporter peut certes renoncer à son état, ne plus aimer son équipe et ne jamais retourner au Stade ; mais jamais, non, jamais vous ne verrez un supporter renoncer à soutenir son équipe pour aller porter dans une tribune les couleurs d'une autre équipe. Lisez ce témoignage :

> Depuis la défaite que nous infligea Swindon, j'avais découvert que la loyauté (du moins lorsqu'il s'agit de football), n'est pas un choix moral, comme le courage ou la bienveillance, mais plutôt une tare, un handicap, une sorte de fièvre qui s'empare de vous et qu'il faut subir.

Aucune union n'impose son joug avec autant de rigueur que ce genre de liaison. Jamais un supporter d'Arsenal ne cédera à la tentation de l'adultère, n'ira, même
en douce, se rincer l'œil à Tottenham. Certes, le divorce
est toléré. Quand les choses tournent trop mal, on peut
rompre et renoncer au stade mais on ne trahira pas son
équipe pour une autre[3].

Le Stade majuscule

Nous venons de parler du Stade, du supporter qui
s'y rend et de la manière dont il y retrouve ses semblables pour former un chœur. Un véritable chœur
tragique qui, comme c'était l'usage dans la tragédie
grecque, prend la parole dans le drame dont il est lui
aussi l'un des protagonistes, et s'avance sur la scène
pour chanter et danser, avec ce privilège sur tous
les autres personnages qu'il lui revient de commen-
ter l'action. Le chœur des supporters est le personnage le plus éminent du Stade. Honnis soient ceux
qui veulent le faire taire en installant de tonitruan-
tes sonos dans les tribunes, honnis soient les dirigeants de club qui nous ont infligé les enceintes géan-
tes et leur soupe assourdissante ! Les fans réjouis qui
entourent leur idole dans les concerts, tous ces gens
qui sont parfois réunis ici même, dans les tribunes
du Stade, ceux-là entourent leur idole et tentent de
chanter avec leur divinité. Ils en sont les suivants et
c'est en chœur qu'ils servent leur dieu. Rien de tel
dans les tribunes, dont les chansons sont écrites par
le chœur des supporters et portent en quelque sorte
les divinités sur une pelouse où rien ne serait possible si nous n'étions pas là.

Si le Stade doit s'écrire avec une majuscule, c'est parce que son nom est le nom propre de cette cérémonie et de cette expérience dramatique. Comme on l'a déjà noté, la majuscule distingue d'abord la cérémonie du simple bâtiment où elle se déroule mais auquel on ne peut la réduire. Elle désigne ensuite, en propre, une cérémonie qui dure moins de deux heures et que son caractère à la fois extraordinaire et sacré distingue de toutes les autres activités qu'est susceptible d'accomplir le citoyen lorsqu'il devient supporter. Il s'agit bien pour le supporter d'une métamorphose : celui qui revêt son écharpe, qui enfile le vêtement marqué aux couleurs du Stade, qui remonte maintenant l'avenue qui va le conduire au plus important de ses rendez-vous, celui-là se transforme pour vivre dans les tribunes un événement extraordinaire, qui l'arrache d'autant plus à ce qu'il est au quotidien que rien de ce qui se déroule au Stade n'a d'équivalent social, religieux, familial ou affectif. Le Stade est une métamorphose qui n'a rien de comparable pour le supporter : tout au contraire, puisque c'est le Stade même qui le transforme en supporter, qui est le nom propre de sa transformation, et que celui qui se rend dans les tribunes s'y rend pour devenir le supporter qu'il a cessé d'être quelques jours. Quand je dis « Je vais au Stade » à mes proches, ceux d'entre eux qui sont supporters savent que je vais quitter ma veste et rejoindre notre confrérie ; quant à ceux qui ne le sont pas, ils savent eux aussi que je vais les quitter, quelques heures, et que je serai ailleurs, aussi loin d'eux que je serai loin de moi-même.

L'apocalypse amoureuse

Les amours footballistiques ont leurs saisons. Elles ont par exemple des printemps enlevés, lorsque les compétitions nationales se multiplient et font se succéder des matchs de championnat et des matchs de coupes, avant de leur ajouter encore les matchs des compétitions européennes. Le printemps est bien sûr la période de l'année la plus distrayante pour le supporter et pour l'amateur de football, qui se trouvent plongés dans une sorte de tourbillon ou de précipité de matchs, au risque parfois d'un indigeste excès. Le quotidien sportif titre presque tous les jours sur un quart de finale de coupe nationale, une journée de championnat, un retour de huitième de finale européenne : c'est football tous les jours, football à profusion et comme à satiété. Peut-on en être repu ? On vient d'évoquer le risque d'indigestion, mais l'excès de football peut-il se mesurer au nombre de matchs suivis dans la semaine ? Comment apprécier, pour éventuellement les prévenir, les risques de lassitude, de dégoût, voire d'overdose ? Le supporter, parfois, se pose des questions. Son entourage également.

Mais le supporter ne se pose pas ces questions ni n'affronte cette abondance footballistique comme le fait son entourage non initié. Plus exactement, il ne mesure pas son engouement selon le nombre de matchs suivis ou les heures de discussions footballistiques, non ; son plaisir et son éventuelle lassitude, il les apprécie plutôt selon son aptitude à s'ouvrir, à s'exposer à la multitude des rencontres. Il s'agit bien sûr de sa faculté à tolérer l'allongement hebdomadaire moyen du temps footballistique, qui subit au printemps une hausse parfaitement identique à l'allongement de la durée du jour, et à s'accommoder de tous les aléas et de toutes les difficultés attachés à un tel allongement (principalement des contraintes d'intendance, puisque le supporter doit proportionnellement fréquenter davantage ses coreligionnaires que ses parents ou amis), mais aussi et surtout de s'ouvrir à d'autres équipes que la sienne, à d'autres jeux et, pour tout dire, à d'autres amours. Le phénomène, pour brutal qu'il puisse être, est on ne peut plus ordinaire. Lors des trois ou quatre derniers tours d'une coupe européenne, lors de ce qu'on appelle encore les « phases finales », il arrive communément qu'une équipe fasse une apparition surprenante parmi les meilleures équipes européennes, habituées pour leur part à ces prestigieuses rencontres. Dans son pays d'origine, le club qui accède aux phases finales obtient l'intérêt, la sympathie et bientôt le soutien des supporters d'équipes concurrentes, qui ne participent pas à ces compétitions. Par exemple, lors de la saison 2004-2005, le supporter d'Auxerre ou de Bordeaux a suivi avec attention, puis avec affection, l'étonnant parcours de l'équipe de Monaco en Ligue des Champions ; il a applaudi ses victoires en même temps qu'il découvrait mieux ses joueurs, ses habitudes et ses vertus propres. L'Angleterre parvint à son tour à rassembler ses supporters lors de la finale de la Ligue des Champions qui, l'année suivante, vit Liverpool gagner en outsider inattendu le plus prestigieux des trophées. Ce soir-là, lorsque Liverpool l'emporta sur l'équipe de Milan au terme d'un match absolument bouleversant, les supporters des différentes équipes londoniennes, si *Blues* qu'ils pouvaient être, saluèrent la victoire des *Reds*. Cet enthousiasme pour une équipe voisine, et rivale d'ordinaire, s'explique aisément : l'équipe est déjà connue, puisqu'elle participe au même championnat, pour les mêmes raisons nationales son parcours est suivi, au moins de loin, par les amateurs de football du pays. Le supporter de Rome ou de Madrid reportera plus spontanément son affection sur une équipe de même nationalité que sur une équipe étrangère. On pourrait peut-être s'étonner que l'amour du supporter puisse être ainsi déplacé vers une autre équipe ou que ce supporter s'enthousiasme pour une équipe qui redeviendra dès la semaine suivante une équipe concurrente du championnat national, mais cela serait vain. Les enjeux, en effet, ne sont plus du tout du même ordre lorsque les compétitions diffèrent, et, à l'exception de quelques jalousies très anciennes entre équipes trop voisines, l'équipe que l'on souhaite battre le samedi ou le dimanche en championnat pourra être applaudie le mardi ou le mercredi, au moment où elle affrontera une équipe étrangère en coupe d'Europe. Il n'y a ici nulle incohérence, nulle forme de schizophrénie, mais au contraire l'une des pistes qui nous permettent d'accéder à la vérité du Stade.

Lorsqu'il se plaît au jeu d'une équipe qui n'est pas la sienne, le supporter reste l'amateur de football qu'il est de tout temps. Il regarde les images télévisées ou se transporte même dans une tribune, mais il n'est plus un supporter : il est un amateur de football qui assiste à un match. Avec plaisir, avec émotion, avec ennui ou regret, qu'importe. Il est là, devant sa télévision ou assis dans une tribune, comme on visite un temple où l'on n'a pas ses habitudes cultuelles, comme l'on assiste à un spectacle. C'est peut-être là le seul moment où le supporter se métamorphose doucement pour devenir un spectateur ordinaire et pour constituer avec d'autres un « public ». Voilà qui est intéressant, car par contraste, en observant les gestes de ce supporter de la Roma qui applaudirait à une victoire européenne de la Juventus, en écoutant ce que prononce le supporter de Barcelone qui salue pour sa part une victoire de Valence, on voit sans doute mieux ce qui manque au bonheur du supporter, ce qui l'empêche de transformer cette expérience simplement footballistique qu'est le déroulement d'un match, si passionnant et émouvant qu'il puisse être, en une expérience comparable à celle du Stade. Et chacun de ces supporters réduit à l'état de spectateur sait parfaitement ce qui lui manque alors, et chacun le sait d'autant mieux qu'il en souffre : c'est l'amour qui fait défaut.

Bon nombre de sociologues ou de journalistes, d'historiens et d'essayistes ont essayé de prendre la mesure du Stade. Ils ont cherché, souvent, à le comprendre au moyen de comparaisons. Avec d'autres sports, en se disant que l'engouement pour le football était d'autant plus grand que tout le monde peut y jouer – après tout, un ballon suffit – ; avec des événements festifs (des fêtes de village braillardes, des carnavals déguisés) ; et le plus souvent, pour la force d'adhésion collective que l'on découvre dans les tribunes, avec la communion religieuse ou, mieux encore, avec la vie sociale elle-même : le stade de football est une sorte d'Église pleine de ferveur primitive, ou bien une société, soumise à ses règles, à ses lois et à sa police. Voilà qui mérite quelques remarques et, surtout, une ferme réfutation.

L'heure est venue, en effet, de quitter quelque peu le récit autobiographique et d'entrer en philosophie. Il faut penser le Stade, spéculer sur la ferveur qu'il rend possible et tirer quelques leçons fondamentales de ce qui s'y déroule. Les historiens ou les sociologues n'ont pas compétence pour une telle enquête. Ils sont bien trop soucieux des faits et des circonstances pour apercevoir que ce qui s'y passe appelle une intelligence des mœurs et de l'humanité absolument différente de celle dont ils disposent aujourd'hui et qui leur interdit de voir autre chose dans le Stade qu'un match de football. Aussi le temps de la philosophie est-il venu.

Chapitre second

Les mystères du football

Il suffit d'assister à un seul match de football pour s'apercevoir que la cérémonie à laquelle participent les supporters comporte trois caractéristiques : une certaine forme de socialité lie les supporters ; une certaine forme de sexualité occupe leurs propos et leurs gestes ; leur attitude montre enfin une ferveur très ritualisée, de forme religieuse. La sexualité, la socialité et la religion sont les trois aspects généraux et apparents du Stade. Les auteurs qui écrivent sur le football en ont conscience, mais ils réduisent très souvent le match à une forme de messe, célébrée par des supporters ou des joueurs qui viendraient mimer la société dans les tribunes ou sur la pelouse, et qui vivraient dans les tribunes une forme de plaisir que sa vigueur apparente au plaisir sexuel. C'est ainsi que l'on fait du match de football une forme de jouissance socialement populaire et un tantinet catholique. À tort, car le Stade n'est pas une église, et moins encore une société réduite à ce qu'elle aurait de misérable ou de barbare.

Le Stade, loin de l'Église et du contrat social

Il est manifeste que le Stade accueille une cérémonie religieuse, que quelque chose de sacré s'y déroule. On a là une communauté de fidèles, animés d'une même ferveur, qui pratiquent un culte. Voilà une évidence, certes, mais elle n'a pas été bien appréciée par les sociologues ou les écrivains qui ont cherché à faire du culte du Stade un avatar de la messe. Le match se déroule selon des rites et il possède bien la forme d'un culte. Il a des saints, un ballon rond et ses apôtres, une table des lois, un esprit du jeu, à la rigueur, mais plus encore des officiants et des frères de prière qui viennent entonner, une fois la semaine, des chants consacrés. La comparaison s'impose, et a elle été dépeinte avec beaucoup de talent. Le romancier Tim Parks, parmi d'autres, a écrit une chronique sur sa vie de supporter du Hellas Verona, dans laquelle il raconte comment il a retrouvé dans les chants des tribunes ses propres souvenirs d'enfant de chœur dans sa paroisse le dimanche, et comment il a enfin saisi la signification spirituelle qui lui échappait alors[4].

La comparaison est souvent faite entre la cérémonie footballistique et la cérémonie catholique de la messe dans l'enceinte de l'église. Il y aurait là deux formes semblables de dévotion et de culte : le ballon rond serait l'avatar un peu vulgaire, le samedi soir, de la Sainte Vierge ou du Fils célébrés le dimanche par d'autres fidèles. Il est vrai que l'expérience cultuelle de la célébration du Christ montre des éléments caractéristiques également partagés par le match de football. Le fidèle catholique aime son Dieu fait homme et célèbre lors

de la messe l'Incarnation qui lui rend la divinité acces-
sible et aimable : il la voit ou la devine, l'entend dans le
texte qui contient sa parole, la chante et, conduit par
la main du prêtre, consomme sa chair et son sang. La
messe ne célèbre pas seulement Dieu incarné : elle est
aussi pour le fidèle l'occasion de se célébrer lui-même,
et de célébrer encore la communauté des croyants. La
messe durant, le fidèle aime Dieu, il aime les fidèles avec
lesquels il communie, il s'aime enfin lui-même comme
membre de l'Église.

Si l'on s'en tient à ces traits plutôt superficiels, la
comparaison est fondée, car au Stade, après tout, j'aime
le match qui se déroule devant moi, j'aime les autres
supporters et je m'aime moi-même pour l'heureuse
dévotion qui m'anime. C'est ici pourtant que la comparaison catholique doit céder le pas : la manière dont
je m'aime moi-même au Stade et dont j'y aime mon
prochain n'a pas son équivalent ecclésial. Dans les tribunes des stades de football, partout dans le monde,
les fidèles s'étreignent et se caressent, ils parlent, ils
échangent des connaissances, ils crient, reprennent
des chants, apostrophent les héros, hurlent des insani-
tés. Nous sommes loin de l'Église et il n'y a guère que
le plaisir sexuel qui pourrait tenir lieu d'équivalent à ce
qui est ressenti dans le Stade, à l'excitation qui croît à
mesure que l'on s'en approche, au comble de la jouissance qui peut y être éprouvé, mais aussi bien hurlé
et dansé. Toutefois la comparaison ne serait pas parfaite, à moins peut-être de concevoir le Stade comme
une sorte de gigantesque orgie lors de laquelle des milliers et des dizaines de milliers de célébrants éprou-
vent de concert un plaisir profond, parfois violent ou
convulsif. Mais non, voilà qui n'irait pas davantage.

Ce n'est pas cela le Stade. Aussi la comparaison entre le match de football et la messe reste-t-elle toujours trop superficielle et, pour tout dire, trop catholique : qu'un groupe de fidèles entonne un chant dans une même enceinte peut bien sûr autoriser cette comparaison, mais c'est une caractéristique qui pourrait aussi bien apparenter les tribunes du Stade à une entreprise asiatique aux premières heures de l'embauche ou bien à une troupe militaire réunie au clairon. Des communautés de fidèles, il en est ailleurs que dans les Églises. La spontanéité de la comparaison catholique est surtout une facilité un peu rapide : après tout, c'est en vain que vous chercherez dans le Stade le Dieu, son fils et les dogmes auxquels l'un et l'autre ont donné voix. Non, voilà qui ne tient pas longtemps la route, sinon peut-être dans les condamnations sottes de ceux qui, ennemis de l'Église et du Stade, s'empressent parfois de confondre l'une et l'autre dans une même caricature : « des moutons à l'Église, des moutons au Stade, je vous le dis », qu'ils disent. Eh bien laissons-les à leurs moutons, ces malheureux athées.

Il faut être en revanche plus attentif aux diverses comparaisons qui ont été faites entre le Stade et la « société ». Cela pour deux raisons : d'une part, parce que bon nombre des travaux savants qui ont été consacrés au Stade se sont demandé ce qu'était la population des supporters en termes sociaux : qui sont les supporters ? À quel milieu appartiennent-ils ? Leur comportement est-il socialement déterminé ? Sont-ce, oui, comme on le lit encore, de pauvres gens qui viennent soulager leur misère sociale et leur violence barbare dans les gradins ? Des bêtes ? Des damnés ? Ont-ils – et cette fois les savants sont plus fins –, des comportements sociaux qui, en dehors du Stade, les apparenteraient ? Existe-t-il, plus judicieux encore, une vie sociale spécifique au supporter ? Ces questions ont fait l'objet d'innombrables thèses. Des ouvrages très précis ont contribué à montrer ce qui reste toutefois une banalité pour qui séjourne régulièrement dans les tribunes : les supporters sont d'origine sociale, ethnique, culturelle et religieuse plutôt mêlée. Mais ne rions pas des sociologues, les pauvres. Tenons-nous en plutôt à une thèse qui a les faveurs des essayistes cherchant à apprécier ce qui, fondamentalement, se passe au Stade. Le fondement, c'est l'affaire des philosophes. Le philosophe ne pense pas à la surface, il n'est pas le spécialiste de l'aval : il est l'homme de l'amont et du principe. Que dit le philosophe quand il réfléchit au football et lui consacre un essai ? Il dit ceci : le football est un jeu intéressant, car sur la pelouse et dans les gradins, c'est en quelque sorte une société réduite, en miniature, qui s'agite. Le Stade, en bien ou en mal (souvent en mal, quand on y pense), est une sorte de simulation en modèle réduit des rapports sociaux, des conflits entre les individus, et c'est cela qui expliquerait le succès du football. Sous une forme quelque peu élaborée, la thèse précise encore que le football offre un miroir sportif à l'état de notre société en mettant en scène la soumission de la violence physique au respect de règles communes, appliquées par un juge souverain : l'arbitre. « Il y a là, a récemment écrit un philosophe, comme une représentation, en modèle réduit, du jeu social[5]. » Le football serait ainsi une représentation universelle des principes de la société humaine. Cette thèse, qu'on retrouve dans un nombre considérable d'ouvrages et d'essais[6], est un lieu commun des écrits sur le football, qui tiennent ce jeu, comme l'écrit à son tour notre philosophe, pour une sorte de concentré des « ingrédients de ce qu'on appelle parfois le tissu social ». Voilà qui est dit, très bien. Voilà qui doit être néanmoins discuté.

L'opinion défendue par nos savants a contre elle ce qui se passe dans les tribunes, mais, aussi bien, sur le terrain. Dans les tribunes, les supporters réunis partagent une même passion amoureuse et la vivent de concert, le regard tourné vers le même spectacle. L'amour des supporters est amour pour leur équipe – ils aiment donc le même objet –, mais il est aussi amour mutuel, quand chaque supporter aime son voisin comme il aime la foule de ses semblables, et qu'il prend ainsi une forme de plaisir redoublé, jouissant avec tous du plaisir pris à l'encouragement de leur équipe. Voilà ce dont je vous ai déjà entretenu ; vous pourriez m'objecter que cet amour ne se manifeste que dans les tribunes et qu'il n'a pas son équivalent sur le terrain où l'affrontement est la règle ; aussi notre philosophe aurait-il raison. Mais trop de caractéristiques du jeu l'interdisent. Deux d'entre elles ont une signification importante : la construction du jeu collectif et l'étreinte charnelle.

Le jeu de football, comme celui de bien d'autres sports collectifs, est pratiqué par une équipe. Même si quelques joueurs se distinguent des autres au point que le sort de l'équipe puisse reposer entièrement sur eux, il n'en demeure pas moins que les onze joueurs sont peu ou prou appelés à jouer, à toucher le ballon à un moment ou à un autre, et qu'ils concourent ainsi ensemble à une même activité, en poursuivant une même fin. Dans la mesure où les différents postes des onze joueurs ne sont pas identiques, et où leur fonction diffère selon qu'ils défendent ou qu'ils attaquent, il est tentant d'identifier l'équipe à une communauté d'individus complémentaires. Mais ce serait faire fi de ce que les fonctions peuvent être momentanément échangées, et ce serait faire fi, surtout, de ce que les onze joueurs, vêtus du même uniforme et parcourant le même terrain, jouent avec un même ballon. J'insiste : les joueurs de football jouent ensemble à un même jeu. La comparaison avec la communauté civique, avec la « société », ne peut être maintenue bien longtemps.

La thèse selon laquelle le match soumet l'opposition de deux camps à une même autorité arbitrale est une thèse « contractualiste » aisément identifiable. Elle est en effet fidèle à ce que les théoriciens politiques des XVIIᵉ et XVIIIᵉ siècles ont conçu sous le nom de théorie du « contrat », afin de rendre compte de la genèse de la société et des principes sur lesquels repose ou devrait reposer la communauté politique. Cette théorie conçoit la genèse de la société sous la forme d'une fiction : les futurs membres de la société passent entre eux un contrat à la faveur duquel ils se soumettent tous, d'un commun accord, à une même législation et à un même pouvoir. C'est ainsi que les hommes, vivants jusqu'alors dans un état de « nature » où ne règnent que l'amour-propre et la force physique, décident un jour de s'installer dans un rapport pacifié, ordonné par un droit unique, et décident surtout de ne plus exercer eux-mêmes la justice en cas de litige : désormais, les concitoyens s'en remettent à un juge commun et à des autorités communes, qui exercent le pouvoir en leur nom. Et notre philosophe d'appliquer ce contractualisme au match de football, en nous expliquant que le match met en scène cette soumission de la force physique au respect d'une même loi, ou plutôt des dix-sept lois[7] :

J'émets donc l'hypothèse que le football, à raison même du succès planétaire qu'il rencontre, n'est pas seulement le fruit d'un contrôle social, voire politique, de la violence (ce qu'il est sans doute aussi), ni même simplement la simulation d'une guerre entre cités ou entre nations (ce qu'il est sans doute aussi), mais également – encore que de manière plus subtile et donc moins aveuglante – l'exhibition de ce mélange de coopération et de conflit où les règles effectivement contractuelles qui définissent le déroulement de la partie permettent en principe de transformer un simple affrontement de forces physiques en une opération juridiquement préréglée qu'il appartient à l'arbitre (avec l'aide de ses assesseurs) de faire globalement respecter, mais en n'intervenant – sur le mode de la gratification ou sur celui de la sanction – qu'en fonction de l'appréciation particulière des circonstances de jeu[8].

Le premier présupposé de cette comparaison contractualiste est bien sûr que le match doit corriger ou juguler une forme de violence primitive, qui se manifesterait de manière excessive ou animale si les autorités, c'est-à-dire l'arbitre et ses assistants, ne venaient pas sur la pelouse exercer leur légitime pouvoir. Afin de justifier cette comparaison, on invoque toujours la violence qui se manifeste sur le terrain : dérapages peu contrôlés, crampons hauts et coups bas, coups de coude plus ou moins discrets, crachats, insultes, maillots tirés et menaces, voilà en effet qui donne raison au jugement cité précédemment, puisque le match s'efforce d'étouffer ou de sanctionner une violence dont on peut croire qu'elle serait terriblement débridée si l'arbitre ne veillait pas. Le football est bien un sport de contact, c'est-à-dire de heurts, d'appuis sur l'adversaire, de tacles ou de sauts, et chacun de ces gestes peut donner lieu à des brutalités ou en masquer d'autres. En 1991, un dénommé Michel, défendant le but de son équipe, le Real Madrid, s'agitait devant l'attaquant de l'équipe adverse, le Colombien Valderrama, et lui tripotait vigoureusement les parties génitales pour l'agacer ; d'autres joueurs crachent, certains pincent, quand d'autres écrasent, et ce sont là autant de témoignages d'une violence sourde qui cherche à échapper à l'attention de l'arbitre. Mais, en l'absence de ce dernier, les joueurs de football se comporteraient-ils nécessairement en brutes ? Le bouillant Michel, en dehors de la pelouse et en d'autres circonstances, en aurait-il eu après les testicules du virevoltant Valderrama ? On peut en douter.

Si la comparaison qu'échafaudent certains était réellement pertinente, il faudrait imaginer la fin du match comme une sorte de retour à l'état de nature, le coup de sifflet final marquant le retrait des autorités, de la loi et des arbitres. Mais ce n'est pas cela qui se passe lorsque le match cesse : on voit au contraire se rapprocher des adversaires qui, il y a un instant encore, se disputaient la victoire avec âpreté, on les voit se saluer et même s'embrasser, et chacun d'eux témoigne alors d'une forme de civilité ou de camaraderie qui justement manquait avant le coup de sifflet final. La même chose pourrait se dire des supporters des deux camps, qui sympathisent et s'apostrophent avec malice dans les rues qui les mènent au Stade, mais qui se conspueront en son sein durant tout le match. Le philosophe que nous citions pourrait bien sûr nous rétorquer qu'il ne s'agit là que d'un jeu et qu'en quelque sorte le match, chaque match, rejoue à sa façon le pacte social, l'espace d'une heure et demie. Voilà qui serait plausible : les vingt-deux hommes ainsi réunis viendraient à leur façon mimer la manière dont une communauté de citoyens s'affronte, mais en suivant des règles. Oui, mettons. Au prix alors d'un imaginaire bien étrange, puisqu'il s'agit tout de même de se représenter une société unisexuée en shorts. Non, non, voilà qui n'est pas sérieux.

Envoyons notre philosophe au Stade et demandons lui ce qui s'y passe lorsqu'un joueur en frappe un autre, lorsqu'un joueur ou un spectateur s'en prend à l'arbitre. En pareil cas, le joueur ou le spectateur violent, parce qu'il transgresse une loi civile, se verra sanctionné par la juridiction sportive mais également par la juridiction civile si l'on venait à porter plainte contre lui. Le football et ses stades ne sont pas des sociétés closes au sein desquelles une législation et une souveraineté s'exerceraient sans concurrence, en vase clos : la police qui entoure les joueurs et intervient dans les tribunes n'est pas le bras armé des vingt-deux joueurs, elle est celui de l'ordre public qui est aussi défendu hors du Stade, et le football, pour sa part, n'impose pas ses dix-sept lois en dehors des limites blanches du terrain. Là encore, si la comparaison avait un sens, alors il faudrait imaginer la société footballistique comme un rassemblement de citoyens du même sexe en tenue courte, vivant en outre dans une sous-juridiction soumise à une autorité extérieure et seule véritablement souveraine. Allons !

À l'encontre de la confusion du match de football avec le « jeu social », il y a encore bien plus : il y a l'amour, dont notre philosophe et tant d'autres n'ont pas su parler. Il y a l'amour qu'échangent les joueurs et qui se manifeste le plus soudainement dans l'étreinte charnelle à laquelle ils s'abandonnent au moment où l'arbitre siffle la fin d'une partie victorieuse. C'est leur triomphe que saluent ainsi les joueurs, et c'est d'abord dans l'étreinte charnelle qu'ils le célèbrent. Ces hommes portent des uniformes légers, leurs jambes sont nues, leurs bras également, leur musculature se laisse deviner sans difficulté, ils la montrent, lèvent et enlèvent leur maillot (ils le soulèvent souvent pour célébrer un but et débarrasser leur corps, enfin nu, des tissus et des publicités qui le recouvrent). Mais, plus encore qu'ils ne se montrent, ils s'étreignent, surtout, s'enlacent, se caressent. Oui, mains sur l'épaule, mains sur les hanches, mains franches sur les fesses, claques et tapes, mais aussi tous ces gestes tendres qui étonnent au milieu d'efforts violents. La main tendue vers l'adversaire au sol, la tête de cet adversaire malheureux que l'on caresse, la joue du coéquipier que l'on touche ou que l'on vient embrasser. Oui, des baisers, des pirouettes de baisers, des amoncellements : regardez-les se grimper les uns sur les autres après un but ! Le buteur est couché, on ne le voit plus, il est recouvert de corps mêlés, de frottements, de coups affectueux dont nous jouissons par procuration jusque dans les tribunes.

Les joueurs n'attendent pas la chaleur et la discrétion des vestiaires pour abandonner leur uniforme et se toucher, non, ces contacts ont lieu pendant le match, qui en compte une multitude. Et tous ces gestes sont les preuves d'une affection très forte, très intime et pourtant partagée avec nous tous. Cet amour, quoi qu'on en dise, n'a pas d'équivalent social. Vous n'embrassez pas plus le front de votre concitoyen que vous ne caressez vos collègues de travail en leur frappant affectueusement les fesses ; la célébration d'un dossier réussi ou d'un contrat avantageux ne donne pas lieu, sur la moquette des bureaux, à l'amoncellement bruyant et joyeux des corps.

On déduira de ce petit chapitre critique que notre philosophe, comme la plupart de ceux qui se livrent à de semblables constructions sociologiques, ne va pas au Stade le week-end. C'est une hypothèse gratuite, bien sûr, mais on voudrait bien parier gros là-dessus, tant les opinions qu'on vient de résumer sont loin de la vérité des tribunes. Au Stade, ce qui se joue et ce que nous vivons est à part du « social », tout contre lui mais à part : il y a bien au Stade une forme de socialité, de spiritualité religieuse et d'amour, mais elle diffère des modèles que l'on convoque le plus couramment pour l'expliquer.

Une heureuse comparaison n'en demeure pas moins possible : il y a quelque chose de séparé et de secret au Stade, quelque chose qui s'y déroule et que les supporters peinent à restituer une fois le match fini. Il y a du secret, oui, au Stade, et c'est cela qui nous remet sur la voie de ce que sont les mystères du football.

Les mystères du football

Le supporter qui se rend au Stade vient de loin. De très loin. Il faut se transporter dans le temps, des siècles en amont, longtemps avant nous, pour le voir venir. Le supporter d'aujourd'hui vient d'une époque où le football et les stades n'existaient pas. En vérité, c'est de l'Antiquité qu'il nous arrive.

Nous sommes en Grèce, au VIᵉ siècle avant J.-C. Un groupe d'hommes a franchi l'enceinte de la ville, en suivant la petite route. Ils sont six ou sept, les étoffes dans lesquelles ils sont drapés sont propres, plus élégantes que celles qu'ils portent d'habitude. L'après-midi touche à sa fin, le temps s'est rafraîchi et ces hommes, s'ils se sourient et s'ils échangent quelques mots, paraissent garder un quant-à-soi presque grave : ils sont absorbés. Chacun regarde devant lui, tendu vers le lieu qui les attend ; tous l'ont déjà rejoint en pensée, tous sont en avance sur leurs pas. Ils n'ont pas le même âge, ils n'exercent pas le même métier et ne sont pas de même rang – deux d'entre eux sont fortunés –, les autres ne le sont pas, ils se connaissent finalement assez peu et ne se croisent guère qu'une à deux fois par mois, lorsqu'il s'agit, comme ce soir, de rejoindre la grotte et d'y franchir une nouvelle étape pour approfondir encore leur « initiation », c'est-à-dire leur progression dans la connaissance et la fréquentation du divin.

Au seuil de la grande grotte, les hommes ont cessé de parler ; ils sont entrés dans la pénombre humide où ils ont rejoint d'autres hommes, quelques femmes aussi, puis ils se sont assis sur les tapis posés au centre de la grotte. Il y a là des flambeaux et des serviteurs ont déposé sur les tapis des draps et des coussins. Le décor est beau, presque confortable. Par l'un des couloirs qui, dans la grotte, conduisent vers d'autres salles, le prêtre qu'on appelle le mystagogue est arrivé, suivi d'un cortège d'officiants déjà très avancés dans leur initiation aux mystères divins. Chacun d'eux porte un objet sacré, puis des plateaux où sont posés les mets consacrés et la boisson du culte. Le silence, ensuite, long, au moment où tous, réunis en cercle autour du mystagogue, se recueillent et avalent à tour de rôle quelques gorgées du breuvage amer. Ensuite, au moment où le mystagogue émet un sifflement, tout va très vite. Une jeune femme surgit de l'ombre, grimée et déguisée, elle chante, tous la reconnaissent : c'est la déesse Déméter ! Elle est là, affolée, elle est perdue, elle tourne la tête de tous côtés, elle cherche sa fille. Assis

tout à l'heure en cercle, les hommes et les femmes se sont levés pour chanter : ils interpellent la déesse, saluent son courage, lui annoncent une issue heureuse, ils tendent les bras vers elle et la rassurent. Déméter s'enfuit, d'autres acteurs entrent dans la grotte et jouent à leur tour des sortes de saynètes religieuses. Peints sur leurs vêtements, ils portent des dessins et des symboles que les spectateurs reconnaissent et nomment à tue-tête ; tous continuent d'ailleurs de chanter et de psalmodier le nom des déesses qui dansent devant eux.

Ils se lèvent pour leur prendre la main et danser avec elles, puis ils boivent de nouveau. Le mystagogue, leur prêtre dansant, prononce parfois des discours sur les puissances divines et tous se figent alors dans la grotte, qui s'apaise un instant, avant que le mystagogue siffle de nouveau : les danses reprennent, des vêtements tombent et c'est une transe qui emporte peu à peu tous les célébrants dans un tumulte sourd dont on ne perçoit à l'extérieur que quelques rythmes étouffés. Le mystagogue interrompt une nouvelle fois les hommes et les femmes en sueur, pour leur révéler qu'ils ont changé de nature, qu'ils ne sont plus les citoyens qu'ils étaient encore ce matin, que la langue qu'ils parlent n'est plus le grec que leur ont appris leurs parents mais bien la langue des dieux : « Chantez, dansez avec les dieux ! La déesse est parmi vous, regardez Déméter et partagez ses tourments ! Rendez-lui son enfant ! Soulagez-la ! Voyez Dionysos ! Buvez ! Étreignez le dieu dans vos bras et donnez-lui du plaisir ! » Et le mystagogue brandit les objets sacrés pour révéler à tous quelle puissance extraordinaire est enfermée dans chacun de ces objets, ici dans ce vase, là dans ce symbole peint sur la robe de la déesse, là dans le sang qui jaillit du cou du coq qu'il vient de trancher ; le mystagogue enseigne de nouveaux *mystères* aux célébrants, il leur apprend quelle divinité est derrière les saisons, laquelle anime les passions, il les rend savants. Il leur fait cette *révélation* (en grec, révélation se disait *apokalupsis*) alors qu'ils reprennent leurs chants et leurs danses, mais tout est frénétique maintenant – ils ont vu la déesse, ils ont bu avec le dieu, ils ont compris –, ils dansent et crient et s'étreignent les uns les autres : ils s'aiment dans la certitude d'être aimés des dieux qui sont au milieu d'eux, leur tiennent la main et leur rendent leurs caresses dans la chaleur de la grotte. Ce sont les hanches de Déméter, c'est le ventre de la déesse où plongent les initiés.

Au bout de la nuit, leur vêtement un peu sali et cette fois dans le plus parfait silence, nos six hommes ont rejoint la route. À la porte de la ville, ils se séparent sans dire un mot, un petit signe de tête à peine, et chacun rejoint sa demeure avant le lever du jour. De ce qu'il a vu cette nuit, des mots divins qu'il a chantés, aucun d'eux ne dira rien. Il en parlera peut-être à l'un des célébrants, au hasard d'une rencontre ou sur la route du culte, bientôt, un autre soir. Aucune règle ne lui interdirait pourtant d'en parler chez lui ou à qui il voudrait, mais ceux qui célébraient ainsi ce qu'on appelle les « cultes à mystères » aimaient entretenir ce qui les liait : le secret, l'émouvant secret de la révélation.

Pourquoi vous parler de cela ? Parce que le Stade, où l'on chante et où l'on danse, où les supporters se rendent avec gravité et empressement, ce Stade où ils vont célébrer leurs héros et leur amour commun, eh bien ce Stade n'est rien d'autre que la grotte ancienne qu'on vient de dépeindre : il est notre culte à mystères aujourd'hui.

Revenons à nous. Ici, dans nos rues, samedi ou dimanche, le jour du match, une heure avant le premier coup
de sifflet, lorsque des cohortes d'individus se dirigent
vers le Stade et échangent du savoir et des espoirs, de
l'impatience, de la crainte, des promesses et des vœux.
Ils vont au Stade pour aimer, et pour aimer en connaissance de cause. Ce ne sont pas des familles ni des confré-
ries professionnelles qui vont au Stade par habitude ou
par obligation : il peut y avoir l'oncle et le neveu, le père
et le fils ou encore les frères, mais on ne va pas au Stade
comme on se rend à l'église, les parents devant et les
enfants derrière, non, car c'est volontairement que l'on
se rend au Stade. Voilà qui fait la particularité du culte
footballistique. Et voilà surtout qui l'apparente à une
pratique religieuse bien antérieure au christianisme : les
mystères antiques. Le Stade, je vous le dis, est le nom
propre d'un culte à mystères.

Dans l'Antiquité grecque, les « mystères » étaient
des cérémonies religieuses qui avaient pour particularité de reposer sur une initiation et de se dérouler dans
un certain secret. Ils étaient célébrés en retrait de la
ville, dans des lieux qui changeaient et qui étaient choi-
sis pour l'occasion, à l'abri des regards. Cependant,
ceux qui les pratiquaient ne se cachaient pas vraiment ;
il n'y avait aucune dissimulation obstinée. Il était de
notoriété publique que ces cultes avaient lieu, ils atti-
raient d'ailleurs quelquefois des foules considérables,
pendant plusieurs jours, de sorte que tout un chacun
pouvait aisément savoir quand et où les cultes étaient
célébrés. C'est ce qui s'y passait qui était dérobé aux
regards extérieurs.

Le match de football fait le même choix : tout le
monde sait qu'il a lieu, mais ce qui s'y passe reste enfermé

dans l'enceinte des tribunes, où le regard extérieur ne porte plus, où la langue ordinaire, surtout, n'est plus parlée. Au sein du Stade, une autre langue se fait entendre, d'autres symboles, innombrables, donnent leur sens aux mots et aux gestes. Et surtout, dès le moment où le supporter rejoint sa tribune, c'est sa propre personne qui a subi une métamorphose : il est devenu un autre.

C'est une démarche volontaire qui conduit le supporter au Stade, une démarche individuelle, qui voit un citoyen choisir, deux heures durant au moins, d'endosser un habit et un rôle, et d'emprunter au Stade une identité particulière, distincte de son identité sociale ordinaire ; un citoyen qui se place alors dans une situation telle qu'il aura le sentiment de vivre une relation privilégiée avec l'objet de son amour et de son attention. Les cultes à mystères antiques supposaient un tel changement : celui qui participait à ces cérémonies se retrouvait lié de manière privilégiée à la déesse ou au dieu, et il avait alors la certitude de changer d'état d'esprit et de personnalité, de faire, grâce à l'aide divine, l'expérience extraordinaire d'une transformation de soi dans le plaisir. Tout l'intérêt de cette métamorphose tenait au fait que le culte et la relation intime avec les dieux n'étaient en aucun cas une obligation sociale ou familiale : la démarche du célébrant ne s'inscrivait pas, en effet, dans une obligation rituelle propre au clan ou à la famille. Ceux qui s'initiaient aux mystères le faisaient librement, conduits le plus souvent vers ces cultes par un ami ou un aîné qui leur apprenait peu à peu le rite et ses plaisirs, et leur adhésion au culte était alors une affaire personnelle.

En allant ainsi célébrer librement les mystères, jusque dans l'excès des transes, notre ancien Grec en espérait bien une rétribution. Il se rendait aux cérémonies en y portant un vœu, une sorte de prière dont il espérait qu'elle serait immédiatement exaucée, à la nuit même. Son vœu était une demande adressée au dieu, une demande mesurée : il espérait sa sympathie, il demandait à la divinité une nuit et des journées joyeuses, une franche santé, l'amitié des siens, et toutes sortes de choses qui n'avaient rien à voir avec ce que le christianisme inventerait bientôt en matière de religion. Là où les chrétiens allaient en appeler au bonheur sans fin et à l'au-delà, les initiés des cultes à mystères se contentaient de la joie présente, auprès des dieux, à leur contact.

Dans le Stade, les supporters viennent avec quelques vœux formés pour le temps présent : ils demandent à leurs dieux une soirée heureuse, un accroissement de joie et de puissance, ils prient pour le triomphe, ils font des vœux de victoire sur le chemin du culte. Parfois encore, ils parient entre eux. Le supporter parie fréquemment ; on le dit « joueur ». Ne voyez-vous pas qu'il ne s'agit pour lui que de former des vœux, des petites prières, et de les partager dans les tribunes ?

Ne voyez-vous pas que ces demi-dieux que sont les joueurs ne le sont que pour autant que les tribunes les embrassent ? Lorsque le joueur se dénude pour offrir son torse aux mains des supporters, c'est à l'ensemble du Stade qu'il s'offre. Lorsque d'une seule voix nous l'encourageons ou nous le conspuons, nous le tenons, il est dans nos bras. Nous ne sommes pas dans la situation des fans qui adorent leur idole lors d'un concert et tentent de chanter avec lui pour lui dire leur amour, non, c'est nous qui chantons, c'est nous qui dictons leur conduite et qui élevons ceux que nous adorons. C'est notre amour qui guide toutes

choses dans le Stade et c'est à notre danse que nos
divinités obéissent. Les cultes à mystères de l'Antiquité n'étaient pas
célébrés dans des temples. Les dévots se retrouvaient
assez librement, dans des lieux divers, et ils étaient parfois associés dans un *thiasos*, une sorte de club ou de
confrérie au sein de laquelle des individus se retrouvaient pour partager leur intérêt commun et se livrer
ensemble à leurs rites. C'est cette confrérie qui prépa-
rait leurs rassemblements, c'est en son sein qu'on déci-
dait de la manière dont les initiés devraient se dégui-
ser, puis de la manière dont on devrait chanter et danser lors de la cérémonie, jusqu'à ce que la frénésie collective emporte les uns et les autres. Ces états de transe
avaient bien sûr leur intérêt propre, parce qu'ils procu-
raient une grande jouissance à ceux qui les vivaient, mais
ils étaient également l'occasion d'une purification, d'une
thérapie. La transe de la danse était en effet une sorte
de purge, l'occasion de se débarrasser des inquiétudes
quotidiennes, des soucis, de quitter dans la joie ce que
la vie ordinaire pouvait avoir de pesant : lors des cérémonies, les initiés disaient mourir à leur vie ordinaire
pour renaître à leur plaisir commun et divin.

Le supporter dans ses tribunes est le seul individu
contemporain qui puisse connaître une semblable expérience, et c'est cela qu'il va chercher au Stade. Voyez-le
chanter à Liverpool, et soyez attentif. Dans le ventre
d'Anfield, lorsque les tribunes vêtues de rouge chantent
le célèbre « *You'll never walk alone* », elles disent évidemment aux joueurs comme à elles-mêmes que le supporter
de Liverpool n'abandonnera jamais son équipe, qu'elle
ne sera jamais seule, et que le supporter lui-même, fort
de son appartenance à une communauté si solide et si

soudée, ne connaîtra lui non plus jamais la solitude. Ce chant est donc bien une promesse amoureuse de soutien, adressée à tous ceux qui l'entendent, mais il est aussi une description très exacte et très profonde de l'état du supporter : le supporter qui est au Stade est un homme accompagné. Il n'y a pas au Stade de supporter seul. Il y a des hommes réunis, aimés des dieux, des hommes qui entraînent les dieux dans leurs chants et leurs danses. C'est une communauté d'amoureux qui se forme, une communauté de savants qui, comme jadis les initiés aux mystères, viennent se réunir en portant chacun avec soi des éléments d'une culture orale déjà ancienne. Une communauté de savants amoureux.

Nous venons au Stade comme nos lointains ancêtres grecs allaient rejoindre leur lieu de culte : nous y marchons avec impatience, avec le souvenir des cérémonies passées, avec le désir d'en savoir plus, de voir des beautés nouvelles et de recevoir davantage encore de nos idoles : nous marchons vers le Stade en l'aimant.

Épilogue

Les devoirs de l'amour

Lors de la célébration des cultes à mystères anciens, la frénésie collective qui s'emparait des célébrants prenait souvent un tour orgiaque. Au cœur ou en marge du culte, les célébrants avaient une vie sexuelle intense et souvent publique. L'ensemble du culte était lui-même affecté d'un caractère sexuel très soutenu. Les mystères célébraient Dionysos le dieu fécond, on suivait en procession de gigantesques phallus, on honorait en paroles comme en gestes les membres virils et les hanches accueillantes. La place déterminante qu'occupait alors la sexualité tenait au fait que les cérémonies d'initiation consacraient les grandes étapes de la vie du célébrant, et notamment le passage à la puberté ou encore à l'âge adulte et au statut de parent. Et c'est en quelque sorte dans les bras du dieu que l'on devenait homme, dans les bras de la déesse que l'on trouvait femme. Le célébrant adulte s'était souvent préparé de longue date à la célébration des mystères, par une longue période d'abstinence sexuelle, qui était pour lui une ascèse, mais aussi une forme d'excitation lente et volontaire avant l'effusion à venir.

Dans les rues de la ville, le supporter aujourd'hui attend, comme jadis le célébrant. Il attend le match du week-end et l'entrée au Stade, il attend la révélation finale, l'apocalypse qui lui révélera la valeur de son équipe et la profondeur de son bonheur. Il se retient de trop se renseigner, il lit la presse obstinément mais sans plus, il fait semblant de la lire en diagonale, il voudrait ne rien avoir à craindre, il est tendu. C'est que les supporters que nous sommes ne sont pas des joyeux drilles lancés dans les rues comme les derniers convives au soir d'une nuit de noces. C'est un poids que d'être supporter, oui, à bien des égards, et notre souffrance affecte jusqu'à la manière dont nous aimons le Stade. Car notre passion est de celles qui obligent. Nul coup de tête ici, aucun emportement. Regardez-nous consulter notre calendrier, voyez avec quel soin de clerc de notaire nous prévoyons nos week-ends. Admirez le talent diplomatique avec lequel nous demandons à nos proches de nous accorder quelques heures, de nous soulager d'un dîner ou de je ne sais quelle absurde promenade qui tomberait l'après-midi de cette ignominie commerciale et télévisuelle qu'est un « match décalé ». Regardez avec quelle minutie, oui, nous sortons nos agendas une fois publié le calendrier officiel, avec quelle attention nous notons ce qui nous sera possible, ce que nous ne pourrons manquer sous aucun prétexte, certainement pas, et ces kilomètres qu'il nous faudra peut-être parcourir au volant de nos voitures. Nous aurons des heures d'attente, des soirées froides et des malheurs. Nous perdrons. Nous serons déçus et nous aurons froid, de nouveau, oui, mais pouvez-vous seulement imaginer que l'expression « amoureux transi » a été inventée pour nous qui assistons parfois en plein hiver, assis et accablés, à la troisième défaite consécutive de notre équipe ? Avez-vous simplement idée du désespoir qu'inspire le mélange du siège en plastique ou du béton gelés et de la défaite à domicile devant une équipe plus mal classée que la vôtre ? Mais il y aura d'autres jours. Il y aura des jours où je tiendrai la main de mes compagnons de Stade.

Ce jour prochain où l'arrière droit si souvent maladroit partira sans heurt sur la droite du terrain, effacera un, puis deux et même trois adversaires avant de frapper presque parfaitement la sphère de cuir vers le centre, là-bas, où je ne sais comment, on voit si mal ce soir, avec son talon peut-être, notre avant-centre, nous hurlerons son nom au moins, oui, au moins je ne sais combien de temps, avec son talon il amortira le ballon tout en le plaçant à gauche où le défenseur n'est plus, dépassé et battu depuis au moins trois pas, où son pied aura le temps de dessiner une courbe splendide avant de frapper si exactement que nous n'attendrons même pas que le ballon pénètre le but pour nous jeter dans les bras les uns des autres et nous embrasser en hurlant le nom de notre héros qui aura déjà relevé son maillot pour courir nous offrir ce corps que nous aimerons sans retenue.

Notes

1. On peut certes trouver des ancêtres au football, puisque certains peuples lointains pratiquaient déjà des jeux de balle et que, plus récemment, à la fin du Moyen Âge par exemple, des jeux collectifs faisaient leur apparition qui, comme la « soule », présentent d'évidentes parentés avec lui ; mais le football, sous la forme que nous connaissons, reste une invention contemporaine. L'un des prétendants les plus sérieux au titre de lointain parent du football est, à l'âge moderne, le « coup de pied » (*calcio*) que l'on pratiquait à Florence. Horst Bredekamp lui a consacré un très bel ouvrage : *La Naissance du football. Une histoire du Calcio* (1993), traduction de l'allemand par N. Casanova, Paris / New York / Amsterdam, Diderot, 1995.

2. L'architecte qui répond ainsi est Aymeric Zublena ; l'entretien a été publié dans un numéro spécial « Stade de France » de la revue *Connaissance des arts*, H. S. n°121, 1998, p 19.

3. Ces mots si justes sont de Nick Hornby, dans le roman fameux qu'il a consacré à sa propre histoire de supporter d'Arsenal : *Carton jaune*, traduction de l'anglais

par G. Rolin, Paris, Plon, 1998, ici p. 38 ; le titre origi-
nal du roman est *Fever Pitch*.

4. Tim Parks, *Une saison de Vérone*, Paris, C. Bourgois,
2002, p. 163-167 : traduction de l'anglais, par M. Doury,
de *A Season with Verona*. T. Parks note encore ceci, fort à
propos : « Quand on chante tous ensemble, on éprouve
un sentiment de puissance, tout seul on se sent idiot.
Les gens le sentent, si bêtes qu'ils soient, au moins leurs
chants ne s'adressent-ils pas à Dieu » (p. 167).

5. Je cite ici Didier Deleule et son article intitulé « La
partie et son juge. À propos d'un divertissement célèbre : football et jeu social », *Cités*, 7, 2001, p. 67-77.

6. On trouve des variantes de la thèse selon laquelle
le football serait une miniature ou encore un « miroir »
de la société dans des ouvrages classiques, comme l'est
par exemple le livre d'Alfred Wahl, *La Balle au pied.
Histoire du football*, Paris, Gallimard, 1990, qui écrit
ainsi que, « contrairement à l'idée souvent répandue,
le football ne se situe pas en marge de la société ; il ne
forme pas un espace préservé. Au contraire, il est l'un
des lieux où pénètrent des intérêts économiques considérables, où s'affrontent les idéologies et où s'insinue
la politique nationale et internationale. Le football est
un miroir des problèmes de notre temps. » (p. 79). De
la même manière, P. Yonnet a pour sa part soutenu que
le sport était en règle générale « un spectacle de l'égalité, une mise en scène de l'égalité, et donc une méta-
phore explosive de la condition des individus à l'ère
démocratique – qui soumet ceux-ci à la concurrence
du début à la fin de vie » (*Huit leçons sur le sport*, Paris,
Gallimard, 2004). Dans son excellent petit ouvrage,
Christian Bromberger soutient des thèses semblables,
mais avec de très intéressantes nuances : il faut donc

lire *Football, la bagatelle la plus sérieuse du monde*, Paris, Bayard, 1998, p. 45-48.

　　7. La cinquième des dix-sept « Lois du jeu », qui définit le statut et le rôle de l'arbitre, prononce sur un ton constitutionnel un principe qui paraît servir l'argument de D. Deleule : « Chaque match se dispute sous le contrôle d'un arbitre disposant de toute l'autorité nécessaire pour veiller à l'application des Lois du jeu dans le cadre du match qu'il est appelé à diriger. » Mais tout bien considéré, on devrait apercevoir que ce pouvoir arbitral est parfaitement exorbitant, et que l'arbitre est soustrait au droit qu'il fait appliquer sur le terrain dont il n'est pas du tout un « citoyen » ordinaire. Voilà qui me paraît rendre délicate l'identification du pouvoir arbitral à l'autorité civile ou judiciaire. Le « juge » des terrains sanctionne sans être contraint de motiver ses raisons, sans entendre les parties, sans écouter la défense. Comme le stipule la même cinquième Loi, « les décisions de l'arbitre sur les faits en relation avec le jeu sont sans appel. » Un pouvoir qui s'exerce « sans appel » et sur lequel les joueurs n'ont pas prise, est-ce là une image fidèle de la société ?

　　8. D. Deleule, dans l'article déjà cité, p. 72.

Table des Matières

Ce volume,
publié aux Éditions les Belles Lettres
a été achevé d'imprimer
en avril 2010
par Présence Graphique
2 rue de la Pinsonnière - 37260 Monts

N° d'éditeur : 7040
N° d'imprimeur : 051035280
Dépôt légal : mai 2010
Imprimé en France